BARREAU DE PARIS

DISCOURS

PRONONCÉ

PAR

Mᵉ BÉTOLAUD

BATONNIER DE L'ORDRE DES AVOCATS

A L'OUVERTURE DE LA CONFÉRENCE

LE 24 NOVEMBRE 1877

IMPRIMÉ AUX FRAIS DE L'ORDRE

PARIS

IMPRIMERIE JULES CLAYE

(A. QUANTIN, Successeur)

RUE SAINT-BENOIT

1877

DISCOURS

PRONONCÉ

PAR

Mᴱ BÉTOLAUD

Bâtonnier de l'Ordre des Avocats

DISCOURS

PRONONCÉ

PAR

Mᵉ BÉTOLAUD

BATONNIER DE L'ORDRE DES AVOCATS

A L'OUVERTURE DE LA CONFÉRENCE

LE 24 NOVEMBRE 1877

IMPRIMÉ AUX FRAIS DE L'ORDRE

PARIS

IMPRIMERIE JULES CLAYE

(A. QUANTIN, Successeur)

RUE SAINT-BENOIT

1877

DISCOURS

PRONONCÉ

PAR

Mᵉ BÉTOLAUD

Bâtonnier de l'Ordre des Avocats

A L'OUVERTURE DE LA CONFÉRENCE

LE 24 NOVEMBRE 1877

MES CHERS CONFRÈRES,

L'année dernière, à pareille époque, je vous entretenais de nos travaux et de la direction qu'il convient de leur imprimer dès le début. J'aime à me persuader que mes conseils n'ont pas été stériles. Mon attention et mes soins de chaque jour se sont portés particulièrement sur les Stagiaires, c'est-à-dire sur cette pépinière de jeunes intelligences où doivent se recruter le Barreau, la Magistrature et, dans une large mesure peut-être, l'Administration et la Politique. Si quelque chose m'a surtout touché, quand j'ai été nommé, puis réélu Bâtonnier par les libres suffrages de mes confrères, c'est la pensée que j'avais pour mission de guider la jeunesse du Palais et de contribuer à former une forte génération, en excitant en elle le goût des grandes études et le sentiment du devoir, en lui inculquant les nobles principes de notre profession : voilà ma tâche, et je voudrais que ce fût un jour mon honneur.

Dans cette œuvre, qui est aussi celle de tous les anciens du Barreau, de ceux qui doivent joindre l'exemple aux préceptes, je me suis constamment inspiré des lumières du Conseil ; et je serais ingrat si, en le remerciant du concours affectueux qu'il m'a toujours prêté, je ne rendais pas témoignage de sa sollicitude incessante pour tout ce qui touche à notre dignité et à nos intérêts.

Aujourd'hui, au retour de cette réunion annuelle, je me propose de vous parler de nos mœurs professionnelles et de rechercher, au moins par certains côtés, les causes morales et profondes qui font la force de notre Ordre.

Un de nos grands Bâtonniers signalait, à cette même place, un sujet de sérieuses méditations. Il faisait remarquer que dans un temps où tout se modifie, où la passion ardente des nouveautés ne connaît guère de frein, où tant d'institutions ont été bouleversées ou sont menacées de l'être, la nôtre reste immuable avec ses règles fondamentales, avec ses maximes consacrées par les siècles. Il se demandait si cette persistance était purement accidentelle, et il concluait ainsi :

« Rien n'est arbitraire dans les règles que nous nous
» imposons. Elles sont si anciennes, parce qu'elles sont
» nécessaires. Elles sont l'âme et la vie de notre pro-
» fession. En les abandonnant, notre Ordre ne saurait
» plus justifier son existence; il doit rester ce qu'il
» est, ou disparaître sans retour. »

Au milieu des incertitudes et des tristesses de notre temps, j'ai pris pour texte de mes réflexions ces fermes paroles d'un des plus vigoureux esprits qui aient illustré le Barreau.

Au point de vue d'où j'envisage notre institution, ce qui forme son caractère fondamental et durable, c'est une grande liberté contenue par des règlements et surtout par des mœurs plus sévères encore que les règlements.

Grâce à un heureux privilége, la liberté n'a pas eu besoin de s'acclimater chez nous : elle est dans la nature de notre profession. L'Ordre des Avocats est né libre, et en cessant de l'être il cesserait d'être lui-même. Aussi trouve-t-on au Barreau l'alliance trop rare de deux qualités difficiles à concilier ailleurs : l'amour passionné de la liberté et le profond respect de la discipline professionnelle.

Nous sommes indépendants parce que nous sommes les organes de la loi. Nos franchises se confondent

avec le droit de libre défense, dont elles sont l'expression pratique et vivante. Elles sont nécessaires pour
que nous puissions hardiment dire la vérité, sans autre
souci que celui du devoir à remplir, sans autre préoccupation que celle de la justice. Cette faculté précieuse offre un égal intérêt pour tout le monde, depuis
les plus humbles citoyens jusqu'aux plus élevés : « N'y
» ayant, dit Loysel, prince, seigneur, ni person-
» nage de si grande estoffe ou fortune, qui n'aist affaire
» du conseil et de l'assistance de l'avocat en ses plus
» importantes affaires, et non-seulement pour la con-
» servation de ses biens temporels, mais aussi de son
» honneur et quelquefois de sa propre personne. »
Paroles prophétiques dans un pays labouré par les
révolutions, où l'on a vu tour à tour des monarques
passer du trône à l'échafaud et traverser la prison pour
arriver au trône !

Notre liberté est donc assise sur une base indes-
tructible, puisqu'elle repose sur l'idée de justice, dont
elle est inséparable. Il n'est personne qui, à moins
d'aveuglement, ne doive sentir le besoin de la défendre. C'est elle qui est la barrière la plus sûre contre
les abus, qui donne la sécurité à tous les intérêts, et
qui contribue à procurer à la Magistrature le respect
inviolable dont elle doit être entourée, en imprimant
à ses décisions une autorité morale incontestable. Sup-
primez-la, vous supprimerez du même coup toute
confiance dans la justice, dont elle est la première

garantie. Les entreprises qui ont été essayées contre elle ont toujours tourné à la confusion de leurs auteurs. On l'a bien vu lorsque le chancelier Poyet, qui l'avait sacrifiée à ses désirs de vengeance, réduit à l'implorer à son tour, recevait cette dure réponse : « *Patere legem* » *quam ipse fecisti* ». Cette noble liberté a pu recevoir des atteintes ou subir des éclipses dans les temps de crise ou de convulsion politique, mais elle est sortie triomphante de ces épreuves, parce qu'elle porte avec elle un caractère d'absolue nécessité.

Toutefois nous ne devons pas nous enivrer de notre propre indépendance. Si nous pouvons en concevoir une légitime fierté, il ne faut pas que l'orgueil de nos droits nous fasse perdre de vue la rigueur de nos devoirs. Toute liberté excessive se détruit elle-même ; la nôtre, si nécessaire qu'elle soit, n'a duré que grâce au frein salutaire de nos règlements et de nos mœurs.

Il n'entre pas dans mon dessein de pénétrer dans le détail de nos règlements, de remonter à leur origine si lointaine, de vous en retracer l'histoire, les développements, les dispositions successives. A les prendre dans leur ensemble et dans leur enchaînement, ils ont eu pour effet d'attribuer à notre Ordre la plénitude du droit de discipline, qui, selon le langage du préambule de l'Ordonnance de 1822, a élevé au plus haut degré l'honneur de la profession, en perpétuant dans son sein l'invariable tradition de ses prérogatives et de ses devoirs.

Comparés aux usages du monde qui nous entoure, ces règlements pourraient paraître sévères à l'excès, minutieux, surannés. Gardez-vous de les juger ainsi. Ce serait les amoindrir singulièrement et vous abaisser vous-mêmes, que de les envisager par le côté des gênes qu'ils vous imposent, et non par la situation élevée qu'ils tendent à vous créer dans l'ordre moral comme dans la société. Sous les multiples entraves dont ils vous enlacent, voyez la protection dont ils vous couvrent, cherchez l'esprit qui les inspire, et vous y trouverez la volonté persévérante de maintenir la profession à la hauteur où elle doit être placée. C'est là le lien commun qui unit étroitement des dispositions renouvelées à des siècles de distance et leur communique le même souffle de vie.

Cependant la loi écrite ne saurait tout régler, surtout en matière de discipline. Elle s'énerverait dans l'isolement et parlerait dans le silence, si elle ne rencontrait dans le milieu où elle doit s'appliquer un esprit public en harmonie avec elle. — « Plusieurs » choses gouvernent les hommes, a dit Montesquieu, » ... les lois, les maximes de gouvernement, les » exemples des choses passées, les mœurs,... d'où il » se forme un esprit général qui en résulte... Les » mœurs donnaient autrefois le ton dans Lacédémone ; » les maximes de gouvernement et les mœurs anciennes » le donnaient à Rome. »

L'expérience nous enseigne que les institutions ne

valent que par l'usage qu'on en fait. Les plus parfaites en apparence peuvent se corrompre par l'application ; celles qu'en théorie on serait porté à croire défectueuses, peuvent se relever par une mise en pratique sage et éclairée. Aussi faut-il s'attacher, avant tout, à maintenir les bonnes mœurs, qui seront toujours l'appui le plus solide des bonnes institutions : les unes et les autres, par une action réciproque, s'entr'aident et se soutiennent mutuellement. Mais tandis que celles-ci peuvent à la rigueur être la conception et l'œuvre d'un jour, les mœurs ne seront jamais que l'œuvre du temps et de la tradition. Le Barreau vit surtout par les exemples et les leçons du passé, par la transmission, d'âge en âge, de l'esprit de discipline et des sentiments d'honneur et de scrupuleuse délicatesse.

Les maximes et les mœurs anciennes constituent la tradition, héritage d'expérience qui passe d'une génération à l'autre et s'accroît par le cours des siècles ; — commentaire vivant et utile auxiliaire de la loi, qui ajoute à son autorité par l'éclat des exemples et lui concilie l'obéissance par l'ascendant de l'habitude. Tous les établissements politiques ou civils qui ont marqué dans l'histoire, ont eu pour soutien et pour point d'appui la tradition : c'est elle qui, dans la vie sociale, représente l'élément de durée et maintient l'unité dans la suite des temps.

Notre Ordre a particulièrement ressenti cette

salutaire influence. Nous avons nos règles, nos préceptes, nos maximes, œuvre commune de toutes les générations qui nous ont précédés, et qui n'est pas la moindre de nos gloires. Ces maximes nous enseignent tous les devoirs de l'Avocat d'une façon plus rigoureuse encore que les décrets qui nous régissent : car, dans le domaine où s'est exercée sur eux-mêmes leur propre justice, nos ancêtres ont tenu à honneur de dépasser la sévérité des lois. Ne nous écartons jamais de la route qu'ils nous ont tracée. Notre premier titre à la considération et à la confiance publique consiste dans les sacrifices volontaires que nous nous imposons ; ce sont eux qui constituent notre dignité, en même temps qu'ils sont la meilleure garantie de nos droits.

L'esprit général qui s'est formé au Barreau, qui l'anime et l'inspire depuis son origine, ne peut pas être, avec sa continuité, le résultat purement fortuit de circonstances accidentelles. On ne l'expliquerait pas suffisamment par la succession non interrompue d'hommes illustres qui ont été nos maîtres et nos modèles. Ce n'est pas non plus qu'une docilité naturelle soit le partage des avocats, et je n'ai pas besoin de protester dans cette enceinte, pas plus qu'ailleurs, que notre humeur particulière ne nous prédispose pas à subir patiemment tous les jougs. Mais le milieu dans lequel nous vivons, le caractère de notre mission, la nature de nos études et de nos travaux, la communauté d'existence et d'efforts qui nous unit, la solidarité qui en est la suite, tout concourt à dévé-lopper chez nous les mœurs professionnelles, et à en faire le rempart de nos libertés.

Le milieu dans lequel on se trouve exerce à la longue sur le caractère une action toute-puissante. Il est comme l'air, qui nous enveloppe et nous pénètre insensiblement de ses principes vivifiants ou délétères. Il stérilise ou féconde les intelligences, abaisse ou élève le niveau moral, énerve ou exalte le sentiment de l'honneur dans ce qu'il a de plus délicat. Or, nous avons l'inappréciable avantage de nous recruter nous-mêmes, sous les garanties déterminées par la loi. Camus définit notre Ordre : « une société de per-
» sonnes libres qui n'ont de concert entre elles qu'à
» raison de ce qu'elles exercent des fonctions qui les
» rapprochent les unes des autres, et à raison de ce
» que, étant libres dans l'exercice de leurs fonctions, il
» est naturel qu'elles ne les exercent qu'avec des per-
» sonnes qu'elles agréent, ou qu'elles cessent de les
» exercer avec des personnes qu'elles ont des motifs
» pour ne plus agréer. »

La faveur n'a point de place au Barreau, pas plus pour y entrer que pour y réussir. On y trouve des encouragements et surtout des exemples ; mais là il n'y a pas de protection qui puisse tenir lieu du mérite personnel. Aussi l'on n'y rencontre pas les compétitions ardentes à la poursuite de succès obtenus en dehors

des conditions légitimes qui les justifient et les enno-
blissent. Quiconque aborde cette carrière difficile doit
savoir qu'il se voue à un labeur sans relâche. La
nécessité du travail s'impose à tous, depuis les plus
modestes jusqu'aux plus grands, et ceux-ci pourraient
vous dire au prix de quels efforts ils ont gravi lente-
ment les degrés qui conduisent à l'estime publique. A
cette œuvre il faut avec le travail la longue patience;
ceux que les difficultés effrayent ou que l'attente
rebute n'ont qu'à quitter une profession pour laquelle
ils ne sont pas faits.

A côté de cette loi moralisatrice du travail persévérant, le caractère propre de notre mission est fait
pour fortifier le sentiment du devoir. Nous sommes
les auxiliaires de la Justice, les intermédiaires obligés
entre elle et les justiciables. Nous ne pouvons pas et
ne devons pas avoir la même impassibilité qu'elle; mais
nous poursuivons le même but, quoique par des moyens
différents. Chargés de conseiller et de défendre, nous
devenons les dépositaires des secrets de famille, des
confidences les plus intimes, des douleurs les plus
mystérieuses; nous avons à chaque instant sous les
yeux, par les révélations confiées à la loyauté de notre
ministère, le spectacle souvent affligeant, toujours in-
structif ou touchant, des défaillances et des misères
humaines, et aussi des grandeurs morales enveloppées
pour les autres d'une ombre discrète. Nous sommes
sans cesse aux prises avec les passions et les intérêts

qui agitent ce monde; et notre mission, grande autant que difficile, est de les contenir par l'autorité de nos conseils, de les refréner, de les diriger dans les voies de la justice.

La nature de nos études et de nos travaux est admirablement propre à élever l'esprit. Elle le met en contemplation constante du droit envisagé dans son origine, sa raison philosophique et morale, son application pratique, ses développements et ses progrès; elle lui ouvre les horizons les plus vastes sur la science des rapports sociaux. En même temps, sans rien lui ôter de son indépendance, elle lui inculque le respect de la loi. Ce sentiment commun de respect influe de la manière la plus heureuse sur le caractère professionnel. Nous pouvons différer d'opinion, mais nous savons que notre liberté est entière pour défendre ce que nous croyons être la vérité; nous savons aussi que nos juges sont obligés de motiver leurs arrêts, de les appuyer sur le droit, et il y a là, une fois la lutte finie, le principe d'un grand apaisement. On pourrait songer à se révolter contre la force : on s'incline devant un jugement impartial, pût-on croire qu'il est le résultat d'une appréciation erronée, dès que la sincérité du juge n'est l'objet d'aucun soupçon

La communauté d'existence dans des travaux qui recommencent chaque jour, crée entre nous un lien puissant. C'est elle qui fait naître et entretient sans cesse cette douce confraternité dont le charme est si pénétrant que ceux qui l'ont goûté en gardent toujours le souvenir. Le public s'étonne souvent de voir deux avocats engagés dans une lutte passionnée échanger des paroles affectueuses avant et après le combat, où de part et d'autre les plus rudes coups sont portés. Il a de la peine à comprendre que, pour être adversaires, on n'est pas nécessairement ennemis, et que l'affection réciproque n'altère en rien le sentiment du devoir et la sincérité de la défense. La discussion y gagne en courtoisie et en loyauté; elle n'y perd rien de son énergie et de sa vigueur. Dévoués à nos clients, nous avons conscience que nous sommes, avant tout, les serviteurs de la justice, et nous sentons que nous devons nous respecter les uns les autres pour avoir droit au respect de tous.

Il faut le dire aussi : notre profession, par sa nature, a le rare privilége de mettre chacun en la place qu'il mérite. Nous sommes en pleine lumière ; les jalousies, les dénigrements viendraient s'user contre le talent qui s'affirme au grand jour ou contre le caractère que les rapports professionnels mettent en relief à tout instant. La justice dans les appréciations s'impose comme une nécessité à ceux qui n'y seraient pas toujours portés par leur inclination naturelle. Il naît de là, dans ce commerce confraternel, le besoin impérieux d'une estime sans laquelle l'existence au Palais ne serait pas supportable : il faut être estimé pour que les visages ne se glacent pas devant vous ; et un tel

besoin vivement senti dans un milieu où la confiance
sans réserve est la première et la plus précieuse des
satisfactions, prévient les défaillances et rehausse singulièrement le niveau moral parmi nous. Il est digne
de remarque que, dans un Ordre nombreux comme le
nôtre, actif, militant, mêlé au torrent des affaires
et exposé aux plus grandes tentations, il y ait si peu
d'écarts à réprimer. Aussi la juridiction du Conseil,
qui est pour nous celle des égaux, est-elle à la fois la
plus paternelle et la plus redoutée.

Telles sont, mes chers Confrères, sommairement
indiquées et tirées des conditions mêmes de son existence, quelques-unes des causes morales auxquelles
le Barreau doit sa stabilité. Si nous voulons qu'il soit
toujours à la hauteur où il s'est élevé, entretenons
pieusement parmi nous, à travers toutes les épreuves,
le culte de la loi, hors de laquelle il n'y a que
l'arbitraire corrupteur ou la violence déshonorante ;
attachons-nous à conserver avec un soin jaloux
nos mœurs, nos règles, nos traditions de désin-
téressement et d'honneur ; défendons-nous des jugements téméraires sur les précautions minutieuses que
la sagesse de nos ancêtres a crues nécessaires pour
mettre notre dignité au-dessus de toute atteinte ;
n'oublions pas que, suivant l'expression de Bossuet,
« l'exactitude à garder les petites choses maintient
« les grandes. » Notre Ordre restera ainsi, au milieu de
toutes les agitations politiques, une région sereine où

*****

peuvent vivre en paix ceux qui sont restés fidèles à leur profession et ceux qui veulent y revenir ; le champ clos des luttes de la parole dont l'âpreté est tempérée par cette courtoisie qu'inspirent l'estime réciproque et l'aménité des rapports confraternels ; l'asile toujours ouvert aux vaincus de tous les partis, où l'indépendance et la dignité individuelles n'ont cessé de trouver un refuge honorable et assuré, parce que la considération s'y mesure au caractère et au talent, non aux opinions ; et cette parole d'un de nos anciens sera toujours vraie : « Il y a place pour tous au Barreau. »

Je borne là ces considérations ; j'ai dû les abréger pour remplir un devoir plus pressant, celui de vous parler des confrères que nous ne verrons plus et de rendre un dernier hommage à leur mémoire. Jamais peut-être la mort ne fut plus impitoyable pour notre Barreau que dans le cours de l'année qui vient de s'écouler ; et je suis consterné d'avoir à dérouler devant vous une liste funèbre aussi longue.

Nous avons perdu *Étienne,* nature modeste et sympathique, dont la bonté native avait résisté aux épreuves de l'adversité ; — *Captier,* à qui une fin prématurée n'a pas permis de donner la mesure de toute sa valeur ; — *Dovergne,* qui venait à peine d'être inscrit sur notre tableau, et dont la mort a laissé bien des regrets ; — *Duplan,* qui ne plaida jamais, mais dont le mérite s'est révélé à moi dans une collaboration pour l'affaire la plus compliquée et la plus épineuse que j'aie rencontrée dans ma carrière. C'est un souvenir personnel qui me permet de rendre témoignage de tout ce qu'il y avait en lui, sous une forme discrète, de sagacité, d'intelligence et de dévouement au service des intérêts qui lui étaient confiés.

Lagrolet, qui s'est éteint loin de nous et dont nous avons appris tardivement la perte, s'était signalé par d'heureux débuts. Il fut un des secrétaires distingués de la Conférence du stage, et le Conseil, appréciant un talent qui s'affirmait déjà, lui décerna le prix Paillet. Nous l'avions bien jugé. Quelques années après, l'Académie française le couronnait à son tour : un *Éloge de Vauban* lui méritait le prix au concours d'éloquence.

Épris de la forme, entraîné par une imagination ardente, ses goûts le portaient vers les lettres plus que vers les affaires. Il y avait en lui une impatience de réussir, qui était comme le pressentiment de sa fin prochaine.

La mort a brisé cette brillante intelligence ; mais du moins Lagrolet n'aura pas passé sans éclat dans notre Ordre ; et, plus heureux que d'autres dont la carrière a été longue, il laisse des pages éloquentes comme témoins de ses premiers succès.

Giboulot, jeune encore, nous a été enlevé subite-
ment. Il s'était créé parmi ses confrères de solides
amitiés. On l'aimait pour son affabilité, qui s'alliait à
une réserve naturelle à laquelle il fallait faire violence. On appréciait son esprit juridique, son amour
du travail, ses connaissances variées qu'il augmentait
chaque jour. Il s'était adonné spécialement à l'étude
de notre législation sur la presse, si compliquée dans
sa mobilité, et on le trouvait toujours prêt quand on
avait besoin d'un renseignement ou d'un conseil sur
cette matière délicate.

Notre bibliothèque le comptait parmi les plus assi-
dus; il y avait sa place marquée par l'habitude. C'est
là qu'il écrivait pour un de nos recueils de jurisprudence des articles justement remarqués, quoiqu'ils
restassent pour le public sous le voile de l'anonyme.

Teulet, un des plus anciens de l'Ordre, était le jurisconsulte patient qui collige et rapproche les textes
pour épargner aux autres de pénibles recherches, en
leur donnant un fil conducteur dans le dédale des
lois. Il a fait des éditions de nos Codes qui sont des
modèles de classement et de coordination. Les érudits,
comme les praticiens, doivent de la reconnaissance à
ce bénédictin du droit, qui a consacré son existence
à des travaux utiles pour tous.

Bournisien était venu parmi nous sur le tard, au

sortir du notariat. Une piété fervente, un peu mystique, n'excluait pas chez lui l'intelligence pratique des affaires et des intérêts de ce monde. Son zèle professionnel s'est surtout répandu sur les pauvres ; et les loisirs que lui laissait le Palais furent toujours employés à des œuvres charitables.

Cauchy s'était fait admettre à notre tableau lorsque la révolution de 1848 eut mis fin à ses fonctions de secrétaire de la Chambre des Pairs. Quoiqu'il ne se soit pas mêlé à la vie militante du Barreau, il n'a plus cessé de nous appartenir. Il s'est toujours activement occupé des questions de législation, en les envisageant dans leurs aspects les plus élevés. On lui doit une série de publications intéressantes et remarquables à divers titres. En 1861, il remporta le prix à un concours ouvert par l'Académie des sciences morales et politiques sur *les Origines, les variations et les progrès du Droit maritime international.* Déjà il était connu et estimé dans le monde des savants. Aussi, en 1866, il eut l'insigne honneur d'être élu membre de l'Académie qui l'avait couronné.

Cauchy a été un érudit dans la plus haute acception du mot, aimant les œuvres de l'intelligence pour les jouissances intimes qu'elles procurent. Tous ceux qui ont eu l'occasion d'approcher ce grand vieillard, au profil accentué, à la physionomie gravé et bienveillante, ont pu apprécier la noblesse de son caractère et la distinction de son esprit. Sa vie entière a été partagée entre la pratique de toutes les vertus domestiques, l'étude du droit et la culture des lettres.

Nous avons connu *Plocque* dans sa maturité. Nous le voyons encore, calme, souriant, affectueux, réservé et indulgent dans ses jugements, attaché à tous les devoirs de sa profession.

Il n'était pas apparu tout d'abord avec cette gravité sereine. Il avait eu l'enthousiasme, la fougue et jusqu'aux emportements de la jeunesse. La révolution de 1830 avait enfiévré cette nature généreuse. Plocque entrant à peine dans la vie, se jeta au plus fort de la mêlée des partis. Sa véhémence dans les premiers procès où il plaida devant la Cour des pairs paraissait pleine de menaces et grosse d'orages.

Ce feu ne dura pas. Il semble que Plocque se soit assez vite désenchanté de la politique. Il resta toujours fidèle par ses opinions à l'école libérale, mais peut-être sans la foi profonde que rien ne déconcerte ; et on le vit, sans trop de surprise, se retirer personnellement de la lutte.

Désormais il n'eut plus d'autres ambitions que celles de sa profession, à laquelle il se voua sans partage. Au cours des événements qui plus d'une fois ont amené ses amis au pouvoir, il aurait pu, à bon droit, aspirer à des fonctions élevées qui se seraient tout naturellement offertes à lui ; il n'y songea même pas,

se contentant d'être un avocat d'un rare mérite. Il eut
la sagesse d'aimer son état, où il trouvait ce qui suffi-
sait à son bonheur, l'indépendance dans l'accomplis-
sement du devoir.

Pour lui il n'y eut de diversion aux travaux de
sa profession que dans les études littéraires, qui furent
sa passion constante et le charme de ses loisirs. Il
était un lettré sans affectation. Nulle recherche dans
sa manière, mais une langue ferme et saine. Il avait
fait une étude particulière de Cicéron et de Démos-
thène, et le Palais n'a pas oublié son beau discours
sur l'Éloquence grecque et l'Éloquence latine. Vivant
dans le commerce assidu des classiques, il s'était com-
posé une bibliothèque remarquable par le choix sé-
vère des ouvrages et des éditions. Il ne trouvait pas
de vêtements assez beaux à son gré pour ses auteurs
favoris.

Plocque a pendant longtemps occupé parmi nous
une place des plus importantes. Entré au Conseil
en 1846, il y resta sans interruption jusqu'à sa retraite
volontaire en 1874 : l'état de sa santé ne lui permet-
tait plus de venir assidûment à nos séances. Il avait
été élu Bâtonnier en 1858. Dans une circonstance
grave il revendiqua, comme chef de l'Ordre, avec l'autorité de son caractère et de son talent, les immu-
nités de la libre défense.

Personne plus que lui n'avait gardé les mœurs
simples de l'ancien Barreau. Quand il plaidait, il pen-

sait à la cause beaucoup plus qu'à lui-même, et n'était
pas d'humeur à se consoler par un succès personnel
de la perte de son procès. Il avait l'éloquence des
affaires, comme il en avait l'intelligence. Il ne lui
plaisait pas de se tenir sur les sommets : son esprit, net
et pratique avant tout, était fait pour les régions tem-
pérées. Il n'était pas l'homme des abstractions et des
théories. Il discutait le droit dans ses applications plus
que dans ses principes et allait directement aux difficultés positives du procès.

Ce n'est pas pourtant qu'on pût l'accuser de séche-
resse. Il avait facilement la note émue et attendrie.
Sa parole respirait alors la bonté de son âme, et c'est
avec des larmes dans la voix qu'il appelait sur son
client l'équité ou la pitié du juge. Il y avait de l'élan
et de l'effusion dans son talent, comme dans ses rapports privés. Il apportait dans la discussion une chaleur communicative, et l'on sentait qu'il se livrait
tout entier.

Les relations de chaque jour étaient avec lui
pleines de charme et d'abandon. Il avait cette fami-
liarité confraternelle qui ne fait oublier ni la défé-
rence ni le respect ; et les plus modestes allaient à lui
avec une confiance que justifiait toujours sa constante
et affectueuse aménité.

Une de ses dernières pensées, au moment où il
sentait ses forces défaillir, a été pour nous : il a légué
à l'Ordre une rente dont il a laissé la libre disposition.

au Conseil. Il savait à quelles infortunes discrète-
ment secourues sont réservées nos trop faibles ressources, et c'est au malheur qu'il a voulu apporter
son tribut confraternel. Il l'a fait simplement, noble-
ment, et je crois respecter son désir intime en ne
citant de son testament que les dernières paroles :
« Je me recommande au souvenir de mes bien-aimés
» confrères. »

Il y a dans cet appel, superflu d'ailleurs, une tou-
chante préoccupation : on comprend que celui qui l'a
fait se réfugie, à l'heure cruelle où se déchirent les
liens de ce monde, dans l'espérance que tout ne périra
point avec sa dépouille mortelle. Je ne sache pas d'acte
de foi en l'immortalité plus naturel, plus humain et
plus irrésistible que l'invocation du souvenir de ceux
qu'on a aimés et dont on fut aimé. Elle procède du
sentiment inné et profond d'une seconde vie où tout
s'agrandit et s'élève, où la pure intelligence, remon-
tant vers son Créateur, rayonne dans l'infini, et sans
laquelle il n'y aurait que le désespoir en face du néant.
Plocque mourant a eu cette consolation suprême,
qu'ayant vécu en homme de bien, il pouvait affronter
sans crainte le grand mystère de l'éternité, et cette
autre consolation si douce à son cœur, que la pieuse
affection de sa famille, de ses amis, de ses confrères
bien-aimés ne manquerait pas à sa mémoire.

Si Plocque nous a appartenu sans réserve, nous

n'avons pas le droit d'en dire autant d'*Ernest Picard*, qui a joué un rôle important dans les événements de notre histoire contemporaine. Il y a eu en lui deux hommes assez sensiblement différents l'un de l'autre par le genre de talent : l'avocat et l'orateur politique.

Dans ses plaidoiries, il apportait les qualités solides qu'il avait prises à l'école de son maître, notre regretté Bâtonnier Liouville, un de ceux qui ont formé les meilleurs disciples. C'était l'ordre, la clarté, la dialectique rigoureuse, au service d'une connaissance approfondie des affaires. Là, tout était sérieux et grave, la forme et le fond. On y remarquait de la finesse, des aperçus ingénieux, de la netteté surtout et des divisions méthodiques, mais peu ou point de saillies.

Était-ce souci de la gravité de l'audience ? L'avocat se sentait-il emprisonné dans son dossier, et la nécessité d'une discussion juridique et précise gênait-elle les libres allures de sa pensée ? Avait-il conscience qu'une épigramme ou un bon mot qui peut parfois faire sourire le juge, ne décidera jamais le gain d'un procès ? Je ne sais ; mais, au Palais, il semblait que Picard tînt en réserve pour les causeries de la salle des Pas-Perdus les trésors inépuisables de son esprit étincelant. Avocat toujours remarquable et adversaire justement redouté, il ne révélait à la barre qu'une partie des vives et rares qualités qui, dans l'enceinte du Parlement, lui ont donné une physionomie à part entre les orateurs de notre époque.

Ses facultés naturelles ne s'épanouissaient librement que dans l'agitation d'une assemblée. Il avait déjà une belle position au Barreau, lorsqu'en 1858 il fut nommé député de Paris. La lutte avait été ardente, et ce n'est pas sans une certaine surprise qu'on vit cinq opposants prendre place au Corps législatif. Mais l'étonnement fut bien autre quand on s'aperçut qu'il pouvait encore y avoir une tribune française. Ce sera dans l'histoire l'honneur des cinq de l'avoir relevée.

Dans ce groupe si faible par le nombre, mais si vaillant, Picard fut le soldat d'avant-garde. Il était armé à la légère pour les combats de chaque jour. Il harcelait ses adversaires, profitant avec un coup d'œil toujours sûr de tous les incidents de la discussion, comme un tirailleur exercé sait s'embusquer derrière les moindres plis de terrain. Il improvisait ses plans dans le feu même de l'action, et souvent une de ses manœuvres hardies qui déconcertaient les contradicteurs décida du succès de la journée. Les succès d'alors ne se traduisaient pas par un vote favorable, mais par un long frémissement qui courait dans le pays et annonçait le réveil de l'opinion.

Picard a prouvé d'ailleurs qu'à l'occasion, dans les circonstances solennelles, il était capable de s'élever jusqu'à la grande éloquence parlementaire.

Ce qui caractérisait surtout son talent, c'était un équilibre parfait entre des facultés diverses et souvent contraires. Cet esprit alerte et clair, ingénieux sans subtilité, aussi éloigné de la vulgarité que de l'emphase, avait une verve toute française, contenue par le plus ferme bon sens. Picard ne s'enivrait pas de sa propre parole, ce qui a été la faiblesse et l'écueil de plus d'un orateur politique. Au Parlement comme à l'audience, il voulait avant tout, quoique par des procédés différents, gagner sa cause. Doué d'une intelligence à la fois très-sûre et très-déliée, il excellait dans la riposte soudaine et acérée; et le mot par lequel il résumait une situation ou un système était toujours l'expression saisissante d'une idée juste.

Son ton simple, sa tenue familière, avec sa forte corpulence, son visage arrondi mais relevé par un beau front qu'encadraient des boucles de cheveux blonds, lui donnaient un aspect de bonhomie auquel, à la vérité, on ne pouvait longtemps se laisser prendre. C'était merveille de voir jaillir naturellement et sans effort de ses lèvres entr'ouvertes par un sourire moqueur les traits piquants qui portaient à coups pressés sur le vif du sujet. On admirait l'art avec lequel, sans perdre jamais de vue le côté pratique et utile de la discussion, il savait manier tour à tour la fine raillerie, l'allusion discrète ou l'ironie la plus mordante.

Il avait aussi la bonne humeur, qui est une force et presque une vertu en politique. Un vote contraire

ne le rebutait pas ; il souriait, se consolait ou se ven-
geait par un bon mot, et recommençait l'attaque.
C'est ainsi que toujours gaiement il fut un des plus
sérieux et des plus efficaces soutiens du parti libéral.

J'ai voulu rappeler par quelques traits l'avocat et
l'orateur. L'un et l'autre avaient grandi en même
temps ; et, en 1866, les suffrages de ses confrères
appelèrent Picard au Conseil de l'Ordre, dont il a fait
partie pendant plusieurs années. Pour le suivre jusqu'au
bout de sa carrière agitée, j'aurais à vous parler du
membre du gouvernement de la Défense nationale, du
Ministre, de l'Ambassadeur et du Sénateur inamo-
vible. Mais je toucherais à des événements encore
trop près de nous pour que nous puissions les apprécier avec l'impartialité de l'histoire, et j'ai le sentiment de la réserve qui s'impose à moi comme chef
de l'Ordre. Ce que je puis dire, c'est qu'au pouvoir,
où il avait été porté au milieu d'une crise effroyable,
Picard se montra toujours courageux et modéré. Il
savait qu'en politique il faut compter avec ses adversaires, et que, dans la vie publique comme dans la vie
privée, la paix ne subsiste qu'à l'aide d'une tolérance
réciproque et de mutuelles concessions. Il ne fut
jamais complice ni dupe des théoriciens absolus ; ce
n'est pas lui qui aurait dit le mot fameux : *Périssent
les colonies plutôt qu'un principe !* D'ailleurs la modéra-
tion et le sang-froid, qui étaient le fond de son caractère, n'enlevaient rien à la fermeté de ses convictions.

Nous n'oublierons jamais qu'il fut un défenseur persévérant des idées libérales ; et sa place est marquée
parmi les orateurs que le Barreau peut s'enorgueillir
d'avoir produits.

Nous avons fait d'autres pertes sensibles.

Une plume amie, et des plus délicates, a retracé
en 1871 l'histoire du Barreau de Paris durant le
siége. Entre autres traits dignes de mémoire, elle
racontait le suivant :

« Un de nous porte un beau nom, inscrit avec
» honneur parmi ceux de nos anciens Bâtonniers. Je
» ne veux pas dire son âge ; mais ma vieille amitié
» ne peut pas oublier que tous les deux nous étions
» jeunes en même temps. Tout le monde l'aime. Il a
» un esprit original et charmant, un cœur d'or, et
» une modestie rétive qui, lorsqu'on sait tout ce qu'il
» vaut, ressemble presque à de l'orgueil. Par tempé
» rament, par goût et par tradition, il a gardé, un peu
» au delà des jeunes années, les robustes habitudes de
» la jeunesse.

» Un jour, après nos revers, je le rencontre au
» Palais. Il était triste, mais aussi calme que je l'étais
» peu : « Tu sais, me dit-il, si cela continue, j'y vais !
» — Où ? — Je vais m'engager ; mais ne le dis pas ;
» je trouve déjà bien assez d'obstacles. » — Je lui
» tendis la main en souriant, croyant que c'était une
» boutade de patriotisme et une chaleur de jeunesse

» qui passerait. Le lendemain il s'enrôlait dans un
» régiment de la garde. Pendant tout le siége il est
» resté aux avant-postes, dans les tranchées, partout
» où il y avait du danger, plus brave que les plus
» braves, tranquille, parlant peu, supportant, sans
» qu'il parût les sentir, le froid, la fatigue et la faim ;
» ayant sans cesse devant les yeux l'image de la
» France vaincue et la haine de l'étranger. La guerre
» finie, il est revenu parmi nous. Je ne crois pas qu'il
» ait parlé à personne de sa campagne. Je n'ai vu son
» nom cité nulle part. Ce vieux chevalier n'a pas
» voulu passer capitaine, et ce soldat obstiné a refusé
» dix fois d'être caporal. »

Celui que notre Bâtonnier Rousse ne pouvait nommer de son vivant, j'ai le triste privilége de le nommer après sa mort : c'était *Ernest Boinvilliers*.

Que pourrais-je ajouter à un si bel éloge, et pouvais-je mieux faire que de le rappeler ? Cet avocat à la stature athlétique, à la démarche tranquille, au sourire nonchalant, à la parole lente et douce, avait une âme de héros. Rien n'est plus grand à mes yeux que ce courage sans ostentation, cette modestie qui s'ignore, ce dévouement silencieux qui cherche en lui-même sa seule récompense.

Boinvilliers était revenu au Palais après la guerre. Nous l'avions retrouvé tel que nous le connaissions, aussi simple sous la robe d'avocat que sous la capote du soldat. Attaché à sa profession, il avait, dans d'autres temps, résisté à toutes les tentations légitimes qui auraient pu la lui faire quitter. Les positions les plus enviées n'avaient aucun attrait pour lui : sous les dehors brillants il voyait la chaîne. Il était de ceux qui parlent le moins de leur indépendance et qui y tiennent le plus. Avocat d'un mérite solide et éprouvé, d'un conseil sûr, d'une droiture absolue, il avait un caractère sympathique entre tous.

Cependant un voile de mélancolie avait assombri ce visage calme et serein. L'épreuve avait été trop forte, non pour le courage de notre confrère, mais pour son patriotisme. Les impressions contenues ne sont pas les moins intenses, et la souffrance morale qui ne se répand pas au dehors est celle qui exerce les plus grands ravages. La douleur que Boinvilliers avait ressentie des malheurs de la patrie avait ébranlé sa puissante organisation. Nous avons été les témoins attristés de la lutte pénible et énergique qu'il a soutenue contre la maladie, jusqu'au moment où, à bout de forces, il est allé dans les solitudes de la Sologne chercher le repos et attendre la mort comme une délivrance.

Il a été regretté de tous, et son vieux père, noble vétéran qui fut notre chef et que nous avons le bonheur de compter encore dans nos rangs, peut trouver quelque consolation, s'il en est pour une douleur si grande, dans l'unanimité des sentiments de ses confrères pour le fils valeureux qu'il a perdu.

Vers la fin des vacances, *Charles Saglier* a succombé
aux suites d'un mal cruel. Il est mort en pleine jeunesse, au moment où il avait triomphé des premières
difficultés par le travail et le talent, et où l'avenir
semblait n'avoir pour lui que de riantes promesses.

A ses débuts il mérita d'être choisi par le Conseil
pour prononcer un des discours à l'ouverture de nos
conférences; tout le monde rendit justice à l'œuvre
remarquable qu'il composa sur l'institution du jury
anglais en matière civile. Depuis, il avait pris possession de la barre, et déjà il s'était créé une clientèle
qui s'étendait chaque jour. Il était un des meilleurs de
la jeune génération qui, dans ces dernières années, a
marqué sa place au Palais. Nous l'avions vu se former sous la direction de son père tombé trop tôt
lui aussi, mais du moins après avoir eu le temps de
parcourir une carrière bien remplie et d'occuper une
des positions importantes du Barreau. Il tenait de lui
sa logique nerveuse, son aptitude aux affaires, sa
sagacité dans la pratique du droit. Il avait une maturité d'esprit à laquelle ses camarades rendaient hommage par leur empressement à rechercher ses avis.
Sa parole sobre et ferme portait avec elle un accent
d'honnêteté qui commandait l'estime et la confiance.

A ces qualités précieuses il joignait le charme de
la bonté visible, l'aménité et la sûreté des relations,
le sentiment de la confraternité dans ce qu'il a de plus
élevé et de plus délicat. On aurait vainement cherché

une ombre sur cette physionomie ouverte et franche, une tache dans ce caractère pur et fier.

Nous applaudissions à des succès si bien mérités, que rehaussait encore la modestie la plus vraie, et nous nous plaisions à placer sur la tête de notre jeune confrère les plus belles espérances. Hélas! en lui il n'y a eu de trompeur que sa robuste stature, ses apparences extérieures de force et de santé qui l'abusaient lui-même en ne le prémunissant pas contre l'excès du travail, et paraissaient lui assurer une longue existence. Aussi, quelle ne fut pas notre stupeur lorsque des symptômes alarmants nous révélèrent que dans cette constitution vigoureuse il pouvait y avoir un germe fatal! Saglier dut quitter Paris pour un climat plus doux. Il nous était revenu, mais épuisé par la maladie et déjà expirant. Il n'en avait pas moins gardé toute sa sérénité; il a vu avec une fermeté stoïque les approches de la mort, et s'est éteint dans les bras d'une mère au désespoir, pleuré par tous ses amis, et laissant à ses confrères, avec le chagrin d'un espoir brisé, le souvenir d'une nature d'élite, où se rencontraient à un égal degré les dons de l'intelligence et la dignité du caractère.

Il est des noms que je n'ai pas encore prononcés et qu'aucun de vous ne me pardonnerait d'omettre. Je dois maintenant vous parler de deux grands avocats qui furent de célèbres Bâtonniers. Ils nous avaient quittés l'un et l'autre pour la vie publique et n'étaient plus rentrés dans nos rangs; mais il y a des liens que ni le temps ni l'absence ne peuvent briser. *Chaix d'Est-Ange* et *Duvergier* ont illustré le Barreau; leurs noms doivent être inscrits dans le livre d'or de nos souvenirs.

Quoique éloigné de nous, *Chaix d'Est-Ange* gardait le culte de son ancienne profession; et, comme il avait occupé des fonctions diverses de l'ordre le plus élevé, il pouvait comparer et juger avec l'autorité d'une longue expérience. Combien de fois, dans ces dernières années, n'ai-je pas entendu de sa bouche une exclamation que je veux reproduire avec sa forme familière : « Le bel état! mon Dieu, le bel état! ». C'était à la fois le cri du cœur, l'écho des lointains et heureux souvenirs, et une exhortation aux jeunes de ne pas abandonner une condition où l'on peut trouver le succès sans l'amertume des déceptions et jusqu'à la grandeur sans les orages.

Comment n'aurait-il pas béni sa profession? Il lui devait tout, et sa carrière d'avocat n'avait été qu'une suite non interrompue de triomphes.

C'était en 1821. La Cour des pairs jugeait un de ces procès politiques qui eurent alors tant de retentissement dans le pays. Elle vit paraître à sa barre, parmi les avocats du plus grand renom, un adolescent. Agé de vingt ans, avec un visage imberbe sans lignes accusées, des cheveux blonds ombrageant à peine un front bien dessiné, des yeux vifs et curieux, une mine éveillée où se peignait un indéfinissable mélange de timidité et de résolution, il paraissait déjà moins que son âge. Il s'avança à son tour, et, sans embarras apparent, avec une assurance naïve, d'une voix ferme et claire, il défendit son client. Les juges émus de sa jeunesse furent charmés de son talent précoce.

Celui qui débutait ainsi était un orphelin sans fortune. Son père, ancien Procureur général criminel à Reims sous l'Empire, venait de mourir après avoir épuisé ses dernières ressources pour lui permettre d'achever ses études de droit. Mais l'enfant avait déjà une énergie virile, et il s'était juré de faire un sort heureux à sa sœur dont il devenait désormais l'unique soutien. Chaix d'Est-Ange a connu dans ce qu'elles ont de plus pénible, pour lui et pour un être adoré, les dures nécessités de la vie, les angoisses du lendemain. Il a surmonté ces premières épreuves à force de courage et de travail, et, lorsque plus tard il mesurait du regard le chemin parcouru, il pouvait avoir le légitime orgueil du devoir accompli. Ce sont là, mes chers Confrères, des exemples fortifiants, et nous ne saurions trop honorer ceux qui nous les donnent.

Le jeune avocat grandit vite, et bientôt il eut sa place définitive au Barreau. Je ne puis entreprendre de rappeler dans un cadre restreint les causes qu'il a plaidées et qui ont si souvent passionné l'opinion;

il faudrait raconter l'histoire du Palais pendant les trente années durant lesquelles Chaix d'Est-Ange a été mêlé à toutes les grandes affaires. Le temps me manque, et ce travail a été fait bien mieux que je ne saurais l'accomplir. Il est des effets d'éloquence qui sont devenus légendaires : on redira au Barreau, d'âge en âge, qu'un jour à un parricide, impassible jusque-là dans ses dénégations, puis éperdu, subjugué sous l'étreinte d'une parole vengeresse, un avocat a arraché en pleine audience l'aveu de son crime.

Ne pouvant tout embrasser, et n'osant choisir entre des plaidoiries qu'il faut lire en entier comme des chefs-d'œuvre du genre, je veux seulement essayer de saisir quelques traits de ce merveilleux talent.

Nature élégante, vive, esprit de premier mouvement, Chaix d'Est-Ange surprenait toujours et charmait en même temps par la variété et l'imprévu de la forme ou des idées. Tour à tour insinuant, incisif, ironique, pathétique, il atteignait à la plus haute éloquence judiciaire, et l'on peut dire qu'il a été sans rival dans les causes criminelles.

Il avait la mimique savante, avec les ressources infinies de la voix, du geste et de l'expression du visage. Sa physionomie mobile traduisait toutes les impressions jusque dans leurs nuances les plus fugitives. Il y avait dans sa manière quelque chose de l'art scénique mis au service d'une puissance de création incomparable. Artiste dans ses goûts, il l'était dans son langage et dans une mise en œuvre dont il faisait un de ses moyens de séduction. Il avait le mot juste avec la note juste; l'inspiration, chez lui, se révélait par l'accent autant que par la forme du discours. Sa parole avait des tons chauds et colorés; et personne ne le surpassa pour l'abondance, la spontanéité, l'originalité des arguments.

Et avec quelle perfection il savait lire! Il pliait sans effort un organe harmonieux et flexible à toutes les délicatesses de la pensée. Un document insignifiant au premier abord, une lettre surtout, pour peu que le sentiment y eût sa place, prenait dans sa bouche un relief inattendu.

Avec lui, point de langueurs ou de mollesses; l'intérêt était soutenu et palpitant. Il donnait à ses plaidoiries une forme dramatique de façon à reproduire tous les faits devant ses auditeurs, comme s'ils y étaient présents. Les personnages, les incidents, les moindres détails, tout apparaissait dans un jour éclatant, s'animait, prenait le souffle et le mouvement, et l'orateur, qui tenait l'assistance sous le charme, l'entraînait haletante à sa suite avec une irrésistible puissance.

Il y a longtemps, et pourtant aucun de ceux qui l'ont rencontré à la barre ne l'ont oublié. Ils entendent encore cette voix au timbre musical, à la fois mélodieuse et mordante; ils voient cette main tendue qui semblait retenir d'abord, puis lancer comme un trait l'argument toujours net et aiguisé ; ils assistent à cette action oratoire dans laquelle l'avocat, s'arrêtant tout à coup, interrompant la période ébauchée, cherchait ou paraissait chercher l'expression rebelle et la trouvait toujours avec tant de bonheur, qu'à la réflexion on pouvait croire qu'elle était prête d'avance sur ses lèvres,

Il avait, à travers les grâces du langage, comme une allure belliqueuse ; on voyait qu'il était né pour les combats de la parole, où il montrait une égale intrépidité à l'attaque et à la défense. Quand il avait une fois accepté un client, il le couvrait fièrement de sa robe. Les préventions enflammaient son courage au lieu de l'abattre. Il savait affronter l'opinion ; et, au besoin, seul contre tous il engageait la lutte avec une indomptable énergie. Écoutez-le, lorsque, dans un procès mémorable, il se redresse devant un auditoire hostile et jette aux sourdes colères qui frémissent autour de lui cette vaillante apostrophe :

« Oui, c'est une noble chose pour un avocat,
» c'est un beau droit pour lui, que de s'emparer d'une
» affaire contre l'opinion publique égarée, de défendre
» un malheureux poussé vers l'échafaud par d'aveugles
» préventions, de se roidir contre des hommes qui
» jugent sans savoir, prononcent sans connaître, qui
» vous entourent de leurs défiances et de leur défa-
» veur, parce qu'ils ne savent rien de la défense, et
» s'empressent de juger sur l'accusation.

« Oui, c'est une noble et sainte mission que la
» nôtre, quand un homme est innocent, quand il est
» abandonné par les siens, renié par ses amis, maudit
» par tout le monde, de se placer près de lui et de le
» défendre comme le prêtre qui s'attache au patient,
» et qui, à travers les clameurs du peuple, l'accom-
» pagne jusque sur l'échafaud, et le renvoie absous de-
» vant Dieu. Eh bien! moi je m'attache à cet homme
» innocent, au milieu des préventions et des mur-
» mures, j'élève la voix pour lui et je le renvoie absous
» devant les hommes. »

Doué comme il l'était, en possession de la renommée à l'âge où d'ordinaire on la poursuit péniblement
encore, Chaix d'Est-Ange ne devait pas attendre longtemps les honneurs que notre Ordre peut décerner.
Membre du Conseil dès 1832, il était Bâtonnier à
quarante-deux ans. Par une exception unique de notre
temps, il fut réélu trois fois, en reconnaissance de la
vigueur avec laquelle il avait défendu la dignité du
Barreau contre une injuste agression, bientôt regrettée
et heureusement réparée. Mais, désireux de donner
l'exemple du respect de nos usages traditionnels,
aussitôt après sa troisième élection, il crut devoir se
démettre.

Il fut député pendant seize ans sous la mo-
narchie de Juillet. Dans cette période de sa vie,
les exigences jalouses et les entraînements de sa profession ne lui laissèrent pas le temps de jouer un rôle

très-actif dans la politique, pour laquelle il semble avoir eu, au fond, peu de goût. Cependant il y a marqué son passage par quelques beaux discours qui resteront.

En 1857, il accepta le poste de Procureur général à la Cour de Paris. Conseiller d'État en 1863, bientôt Vice-Président du conseil d'État, puis Sénateur, il déploya partout de brillantes facultés et se montra à la hauteur de toutes les positions ; mais je ne crois pas trahir sa mémoire en disant que c'est l'avocat qui passera à la postérité.

Jamais avocat n'eut plus de triomphes et de plus constants. Pourtant Chaix d'Est-Ange n'aura pas été un chef d'école ; il n'a pas eu de modèle et il n'aura pas d'imitateurs. Tout dans son talent était original et personnel. Il était avant tout un grand artiste comblé de dons naturels. On ne l'a pas vu grandir et se développer avec l'âge, par l'expérience que donnent les années ; c'est à peine s'il a débuté. A trente ans, il était déjà lui-même, et tout entier ; depuis, sa manière n'a pas changé. Comment aurait-il progressé ? Du premier coup d'aile il avait touché au sommet de son art.

Les qualités qui firent son immense succès lui appartenaient en propre, à ce point que, à vouloir les emprunter on risquerait d'en faire des défauts. Nul ne saurait aspirer à retrouver cet ensemble éblouissant qui faisait de lui un inimitable avocat. D'autres ont pu l'égaler dans le passé et le pourront encore dans l'ave-

nir, il faut l'espérer, par des facultés d'un autre
òrdre; mais le moule est brisé, et, dans la galerie des
illustrations du Barreau, Chaix d'Est-Ange aura toujours un cadre à part.

Comment parlerai-je de *Duvergier,* que la mort
frappait, il y a quelques jours à peine, au terme d'une
longue et laborieuse carrière? Il fut mon maître
vénéré, et il m'appelait son ami. Le disciple recon-
naissant ne peut pas oublier en ce moment les années
d'une intimité pour lui heureuse et féconde; et l'émo-
tion qui l'agite ne lui laisse pas la liberté d'esprit
nécessaire pour louer dignement celui qui fut un grand
jurisconsulte, un avocat de premier ordre et l'homme
de bien par excellence.

La première partie de la vie de Duvergier fut con-
sacrée presque entièrement à des études juridiques. Il
composa divers ouvrages de droit, continua l'œuvre
de Toullier, qui lui-même l'avait désigné pour cette
mission redoutable, et commença la rédaction du
vaste recueil des lois auquel son nom reste attaché.
Il écrivait de ce style limpide et élégant dans sa simplicité que n'aurait pas désavoué Pothier, son modèle.
Il était de la race de nos anciens auteurs, dont les
fortes pensées n'avaient pas besoin de chercher un
faux air de grandeur dans des amplifications philoso-
phiques ou littéraires. Il ne visait jamais à l'effet, et,
grâce aux qualités naturelles de sa plume, il l'attei-

gnait d'autant plus sûrement qu'il l'avait moins poursuivi.

Il avait appris les procès en collaborant à un de nos grands recueils de jurisprudence, lorsqu'il se décida, assez tard, à affronter l'audience. Dès ses premiers essais, on reconnut que le théoricien du droit était profondément versé dans la pratique des affaires. Il fut comme avocat ce qu'il était comme écrivain, et ses succès rapides dépassèrent toutes ses espérances. Son éloignement momentané du Palais, qu'il quitta en 1840 pour les fonctions de Directeur des affaires civiles au Ministère de la Justice, ne le fit pas oublier; quand il revint volontairement prendre sa place parmi nous, il marcha à grands pas jusqu'au premier rang.

Il avait le langage qui convient à la justice calme et impartiale. Nul ne fut plus difficile pour le choix de ses causes, et c'est de lui qu'on peut dire sans banalité qu'il s'en faisait le juge avant d'en devenir l'avocat. Aussi avait-il à un degré suprême le privilége de l'autorité, parce qu'on sentait en lui à la fois le talent, la science et le caractère.

Il a laissé des monuments durables de sa science : le jurisconsulte revit tout entier dans des livres et des consultations qui ne périront pas. Mais de l'avocat militant, de ces trésors d'intelligence et de véritable éloquence prodigués chaque jour, il ne reste guère que le souvenir chez ceux qui l'ont entendu. Il a manié d'immenses affaires, et si la renommée se me-

surait aux services rendus, aucune autre ne serait su-
périeure à la sienne. La clientèle la plus haute accourait
en foule dans son cabinet pour y chercher le secours
de ses lumières, et, s'il ne pouvait arrêter les procès,
il ne faisait presque toujours que devancer par la
sagesse de son conseil les arrêts de la justice. Avec
une intuition rapide et sûre, il groupait les faits les
plus compliqués, dégageait la difficulté et allait droit
à la solution juridique.

Il était alors l'émule de Paillet, de Marie, de De-
langle, de Chaix d'Est-Ange à qui il succéda comme
Bâtonnier, en 1844. Ce que son prédécesseur a été par
l'éclat et les séductions de la parole, Duvergier le fut
par le savoir et par la puissance d'une raison lumi-
neuse. Il n'avait pas en lui le feu qui embrase, mais
la douce flamme qui échauffe et éclaire. Si l'on ne
trouvait pas dans ses plaidoiries les mouvements
impétueux qui passionnent et entraînent, elles ne
laissaient rien d'indécis dans les questions les plus
obscures. Son seul souci était de convaincre, et son
argumentation savante et pressée arrivait à des effets
de persuasion irrésistibles. Le calme de cette âme
placide semblait se réfléchir dans la limpidité d'une
parole qui eut toujours le respect d'elle-même et de
la justice.

Duvergier avait cessé d'appartenir au Barreau depuis 1856, et, bien jeune alors, j'ai été le témoin des
agitations de son esprit au moment de cette séparation

pénible. L'administration et la politique nous l'enle-
vèrent, non sans qu'il eût résisté; il céda aux instances
d'une amitié qui lui était chère, et, quoiqu'il soit
toujours resté fidèle jusqu'au dévouement aux devoirs nouveaux qu'il avait acceptés, je n'oserais af-
firmer qu'il n'a pas plus d'une fois tourné des regards
de regret vers une profession que personne n'honora
plus que lui. Conseiller d'État, Président de section,
Sénateur, Garde des Sceaux, il prit une part considé-
rable à l'élaboration des lois les plus importantes.
Il connut le pouvoir sans en goûter jamais l'âpre
jouissance et sans en avoir l'orgueil. Chaque dignité
nouvelle fut une violence faite à sa modestie, qui
semblait s'accroître à mesure qu'il s'élevait davantage.
Il a trouvé le secret d'occuper les fonctions les plus
éminentes et de jouer un rôle dans la politique sans
y laisser d'ennemis. Il savait non-seulement imposer
le respect à ses adversaires, mais même conquérir
leur affection. Son secret, c'était la sincérité et la
bonté, cette sainte bonté qui rayonnait sur son noble
visage éclairé d'un fin sourire, et le faisait adorer des
siens en lui attirant les sympathies de tous. Sa bonne
grâce n'avait d'égale que sa simplicité : il accueillait
les humbles avec la même douceur que les grands,
et l'importunité même n'aurait pu lui arracher une
plainte ou un murmure.

Tel fut cet homme accompli, digne en tous points
de notre vénération. Ils sont rares dans tous les temps

ceux qui, comme lui, exempts d'ambition personnelle, sont arrivés au pouvoir sans l'avoir recherché, et ont su garder, avec l'estime universelle, la même sérénité inaltérable dans la bonne et dans la mauvaise fortune. Quand l'intégrité du caractère s'élève à cette hauteur, elle est le titre le plus beau devant la conscience publique. Duvergier fut, dans toute la vérité du mot de l'orateur antique, le « *vir bonus dicendi peritus* ». Il mérite que son nom et sa vie soient légués en exemple aux générations futures.

Mes chers Confrères, j'ai rempli la douloureuse mission de rappeler les pertes que nous avons faites, et de compter les vides qu'elles ont laissés. Mais en ce monde la vie et la mort se côtoient, aussi inexorables l'une que l'autre. Tout se lie dans la chaîne des temps, et, poussée dans la voie de desseins impénétrables, l'humanité accomplit sa marche providentielle au prix d'efforts et de sacrifices sans cesse renaissants. Les générations se pressent et se succèdent sans trêve ni repos ; les soldats qui tombent sont remplacés par les recrues ; les rangs un moment éclaircis se reforment, et la lutte recommence dans une arène toujours ouverte. Nous que la fatigue gagne, nous tournons nos regards du côté où luit l'espérance, et nous saluons la jeunesse du Barreau, cette belle jeunesse, heureuse et confiante, pour qui la vie a encore tous ses sourires et qui ne connaît que les ardeurs généreuses et les nobles aspirations. C'est elle qui tient dans ses mains le secret de notre avenir. Il dépend d'elle de nous consoler de nos déceptions et de contribuer à nous relever de désastres qui sont les nôtres, puisqu'ils sont ceux de la Patrie. Bientôt elle recueillera à son tour l'héritage de gloire et d'honneur que nous ont transmis nos ancêtres, et elle n'oubliera pas que la fidélité à remplir tous nos devoirs sera toujours la meilleure sauvegarde de nos droits et de nos libertés.

PARIS. — Impr. J. CLAYE. — A. QUANTIN et Cⁱᵉ, rue Saint-Benoît. [2002].